Inhalt

Wenn die ganze Gruppe führt – Schwarmintelligenz ersetzt den Manager

Kernthesen

Beitrag

Fallbeispiele

Weiterführende Literatur

Impressum

Wenn die ganze Gruppe führt - Schwarmintelligenz ersetzt den Manager

R.Reuter

Kernthesen

- Eindrucksvolle Beispiele aus dem Tierreich zeigen, dass das hierarchielose Mitwirken aller zu den besten Ergebnissen führen kann.
- Schwarmintelligenz ist darum auch ein Thema der Führungs- und der Wirtschaftsforschung geworden.
- Nicht jeder Führungskraft ist die Intelligenz des Schwarms geheuer. Immerhin bedeutet die sich selbst organisierende

Mitarbeitergruppe für den herkömmlich Führenden einen Bedeutungsverlust.
- In einzelnen Unternehmen und in Experimenten werden Erkenntnisse über die Vorteile des Schwarms jedoch schon umgesetzt.

Beitrag

Viele wissen mehr

Kollektive Intelligenz oder auch Schwarmintelligenz ist ein aktuelles Thema für die Führungsforschung geworden. Ihr liegen Beobachtungen insbesondere aus dem Tierreich zugrunde. Als hoch erfolgreiche Schwärme gelten etwa die Ameisen, Fische und Vögel. Sie kommen ohne die Führung durch einzelne zum Ziel und erreichen dabei eine erstaunliche Effizienz. Übertragen auf den Menschen bedeutet Schwarmintelligenz somit das gleichberechtigte Zusammenwirken des Wissens aller. (1), (3)

Produktiv im Verbund

Das Interesse am Schwarmverhalten ist noch recht jung. Denn lange Zeit war man davon überzeugt, dass

Menschen ab einer bestimmten Gruppengröße nicht mehr produktiv zusammenarbeiten können. Dies kommt in Redensarten zum Ausdruck wie der von den vielen Köchen, die gemeinsam den Brei verderben. Dass es auch Gegenbeispiele gibt, zeigt nicht nur das Tierreich, sondern das Internet. So kann die Wissensplattform Wikipedia als ein eindrucksvolles Beispiel gelten, wie das Wissen vieler zum größtmöglichen Nutzen führt. (1), (3)

Warum der Publikumsjoker fast immer Recht hat

Auch mathematisch gibt es Belege dafür, dass Gruppenwissen zum besten Ergebnis führt. Ein praktisches Beispiel bietet das Fernsehprogramm: Bei "Wer wird Millionär" zeigt sich regelmäßig die Überlegenheit des sogenannten Publikumsjokers, bei dem alle Zuschauer um ihre Meinung gebeten werden. Auf 91 Prozent der Fragen liefert das Publikum die richtige Antwort, nur 65 Prozent sind es beim Expertenjoker. (1)

Beobachtungen im Tierreich

Gleich zwei kürzlich erschienene Bücher haben die Schwarmintelligenz zum Thema. Die beiden Autoren führen interessante Beobachtungen an, die das Wesen der kollektiven Intelligenz deutlich machen sollen. Hierzu zählt die Fähigkeit von Bienen, auch in dichten Schwärmen niemals zusammenzustoßen - was bei Menschenansammlungen fast unvermeidbar ist. Deutlich wird hier allerdings auch, dass Schwarmintelligenz mit jener Intelligenz, wie sie normalerweise verstanden wird, nichts zu tun hat. Das "kluge" Verhalten von Bienen oder Makrelen, die durch clevere Schwarmbewegungen den Robben entfliehen, liegt nicht im Denken begründet. Stattdessen erscheint Schwarmintelligenz im Tierreich als das Ergebnis evolutionärer Entwicklung, die zu homogenem Verhalten einer aus Individuen bestehenden Gruppe geführt hat. Besonders erfolgreich in dieser Hinsicht sind die Ameisen, die bei beiden Autoren große Beachtung finden. Sie bauen, ohne einen Anführer, komplexe Nester und bekriegen sich mit Nachbarvölkern. Gerade Ameisen zeigen damit das Wesen kollektiver Intelligenz: Sie dokumentiert sich im Tierreich durch die Fähigkeit zum gemeinsamen Handeln. (2)

Lernen für die Wirtschaft

Sowohl in der Volkswirtschaftslehre als auch in der Betriebswirtschaftslehre und in den Unternehmen selbst wird viel darüber nachgedacht, wie sich

Organisationen, Netzwerke oder Lieferketten am effizientesten gestalten lassen. Hierfür werden immer öfter Anleihen direkt aus dem Tierreich genommen. So versuchte die US-Fluggesellschaft Southwest anhand des Ameisenverhaltens herauszufinden, wie Passagiere am schnellsten in ein Flugzeug hineinzubringen sind. Telefongesellschaften versuchen Erkenntnisse aus der Biologie in mathematische Formeln umzusetzen, um Anrufe schneller zum richtigen Gesprächspartner durchzustellen. Besonders inspirierend erweist sich das Schwarmverhalten der Tiere für Logistiker. (2)

Führung ohne Führende

Intelligente Schwärme kommen ohne hierarchische Führung und Ordnung aus. Die Organisationsform bedeutet daher eine völlige Abkehr von solchen Strukturen, in denen Vorstände, Bereichs- und Abteilungsleiter an der Spitze einer Gruppe stehen. Die Nutzung kollektiver Intelligenz trägt mithin anarchistische Züge, die von manchen Führungskräften verständlicherweise als Bedrohung ihrer gewohnten Stellung empfunden werden. Nach wie vor sieht ein Großteil von Führungskräften die eigene Position dadurch gerechtfertigt, dass sie mehr wissen als ihre Mitarbeiter. Dieses Selbstverständnis führt dazu, dass das eigene Wissen nicht mit jedem geteilt wird, da der Vorteil sonst dahin wäre. Andererseits berichten Experten von einer zunehmenden Zahl von Beispielen, bei denen schwarmintelligente Ansätze durchgeführt werden und deutliche Wettbewerbsvorteile erbringen.

Für viele Unternehmen heikel ist auch die geforderte neue Sicht auf den Mitarbeiter, die für die Nutzung kollektiver Intelligenz nötig ist. So muss sich die Führung von der Annahme lösen, dass Menschen prinzipiell eher faul sind, darum laufender Kontrolle bedürfen und durch Anweisungen geführt werden müssen. Stattdessen muss das Vertrauen bestehen, dass die Mitarbeiter von sich aus etwas leisten wollen und dabei durchaus in der Lage sind, sich auch ohne Kontrolle selbst zu organisieren. Ob kollektives Denken irgendwann die Präferenz des Einzelwissens ablösen kann, ist indessen unsicher: Einer Studie zufolge dürfen nur 16 Prozent der Spitzenmanager als veränderungswillige Visionäre gelten. (1), (3)

Trends

Crowdsourcing stärkt Kundenbindung

Die Nutzung von kollektivem Wissen im

Unternehmen kann so aussehen, dass mehrere Mitarbeiter über ein Computernetzwerk an derselben Fragestellung arbeiten. Ein anderer Begriff innerhalb des neuen Trendthemas ist das sogenannte "crowdsourcing". Der Begriff wurde vor fünf Jahren erfunden und ist eine Zusammensetzung von "crowd" (Menge) und "Outsourcing" (Auslagerung). Gemeint ist damit die Auslagerung von Aufgaben, die gewöhnlich von Mitarbeitern innerhalb eines Unternehmens bearbeitet werden, an eine undefinierte, große Gruppe von Menschen außerhalb des Unternehmens. Diese Gruppe wird in der Regel über Ausschreibungen im Internet angesprochen. Crowdsourcing findet beispielsweise bei der Entwicklung neuer Designs Anwendung. Hier werden Kunden und potenzielle Käufer in die Arbeit an neuen Outfits eingebunden oder um ihre Meinung gebeten. Bei dieser Vorgehensweise verbindet sich das kollektive Wissen der externen Mitarbeiter zu einem oft besonders erfolgsträchtigen Endergebnis. Zum anderen stärkt crowdsourcing die Kundenbindung, weil diese an der Entwicklung des neuen Produkts unmittelbar beteiligt sind. (4)

Fallbeispiele

Streit im Schwarm

Am Mitmach-Lexikon Wikipedia lassen sich exemplarisch sowohl der Erfolg als auch die Schwierigkeiten kollektiver Arbeit ablesen. Nach wie vor schreiben 7000 Autoren für die Plattform, und der Ausstoß ist hoch. Zu den vorhandenen 1,1 Millionen Artikeln kommen täglich rund 400 neue Texte hinzu. Andererseits wächst die Schar enttäuschter Schreiber, denn obwohl Wikipedia ein Gemeinschaftsprodukt von Individuen ist, gelten doch allgemeine Regeln. Im Laufe der Jahre hat die Wissensplattform Benimm-, Beleg- und Zitierregeln eingeführt. Zudem wurde festgelegt, was relevant ist und was draußen bleiben muss. Die Durchsetzung der Regeln über den "Admin" stößt häufig auf Unverständnis bei den Autoren - die gleichzeitig aber zugeben müssen, dass es ganz ohne Regeln nicht geht. (5)

Präzise Entscheidungen

Ein Forscherteam hat in einem Experiment gezeigt, dass im Schwarm schwimmende Fische im Kampf gegen Fressfeinde erfolgreicher agieren als einzelne Fische. Im Schwarm erkennen die Tiere den feindlichen Raubfisch frühzeitiger, weil hundert

Augen mehr sehen als zwei. Zudem entscheidet sich die Gruppe mit viel höherer Wahrscheinlichkeit für den besseren Fluchtweg als der Einzelfisch. Entscheidend ist, dass die Information über die entdeckte Bedrohung blitzschnell an den Nachbarn weitergegeben wird. (6)

Weiterführende Literatur

(1) Warum ist der Publikumsjoker stets erfolgreicher als der Expertenjoker?
aus ZFO - Zeitschrift Führung und Organisation 06/2010, S.384

(2) Eine Firma ist auch nur ein Schwarm
aus Süddeutsche Zeitung, 08.01.2011, Ausgabe München, Bayern, Deutschland, S. 30

(3) Zur kollektiven Intelligenz von Aufsichtsräten
aus ZFO - Zeitschrift Führung und Organisation 06/2010, S.388

(4) Kundenbindung durch Innovationen
aus Die Bank, Heft 12/2010, S. 64-70

(5) Teilhabe und Herrschaft // Wikipedia wird zehn Jahre alt - und stößt an die Grenzen der Schwarmintelligenz. Ein Besuch bei Mitarbeitern
aus Der Tagesspiegel Nr. 20748 VOM 25.09.2010 SEITE 023

(6) Fische sind Experten für Teamarbeit
aus Frankfurter Rundschau vom 25.01.2011, Seite 22

Impressum

Wenn die ganze Gruppe führt - Schwarmintelligenz ersetzt den Manager

Bibliografische Information der deutschen Nationalbibliothek

Die Deutsche Nationalbibliothek verzeichnet diese Publikation in der deutschen Nationalbibliografie; detaillierte bibliografische Daten sind im Internet über http://dnb.d-nb.de abrufbar.

ISBN: 978-3-7379-0242-7

© 2015 GBI-Genios Deutsche Wirtschaftsdatenbank GmbH, Freischützstraße 96, 81927 München, www.genios.de

Alle Rechte vorbehalten. Dieses Werk ist einschließlich aller seiner Teile – z.B. Texte, Tabellen und Grafiken - urheberrechtlich geschützt. Jede Verwertung außerhalb der Grenzen des Urheberrechtsgesetzes bedarf der vorherigen Zustimmung des Verlags. Dies gilt insbesondere auch für auszugsweise Nachdrucke, fotomechanische

Vervielfältigungen (Fotokopie/Mikroskopie), Übersetzungen, Auswertungen durch Datenbanken oder ähnliche Einrichtungen und die Einspeicherung und Verarbeitung in elektronischen Systemen.